zum 1. Schultag

am 17. September 2005

Die Teddyschule

von Fritz Baumgarten
Verse von Liselotte Burger

Parabel

Klein-Teddy und das Brummerle
sind noch zwei rechte Dummerle,

doch wenn sie brav zur Schule gehen,
dann werden sie bald mehr verstehen.

Frau Sonne lacht, der Kuckuck schreit:
Guck auf die Uhr, es ist schon Zeit!
Die Bärenmutter mahnt: „Mein Sohn,
den Ranzen packt man abends schon!"
Ein Schlückchen Milch noch Teddy trinkt,
dann wird der Mutti zugewinkt.

Mit Bürschi aus dem Nachbarhaus
läuft Teddy eilends schon voraus.
Das Brummerle tapst hinterdrein
und sammelt seine Hefte ein.
Schlag zehn beginnt der Unterricht,
Herr Lehrer Braunohr wartet nicht.

Heut ist das große Brummen dran.
Laßt hören, wer es richtig kann.
Die Geige gibt den tiefen Ton,
brumm-brumm, Klein-Teddy kann es schon.
Aus voller Kehle wird geübt,
bald laut, bald leise, wie's beliebt.

Beim Ausflug dann am nächsten Tag
bestimmt kein Bärlein fehlen mag.

Man tummelt sich in Wald und Feld
und freut sich an der bunten Welt.

Der Lehrer, der die Tiere kennt,
erklärend alle Namen nennt.

Man hört ihm zu, man guckt und staunt,
ist sehr vergnügt und frohgelaunt.

Am Montag bringt die erste Stunde
für alle Bärlein »Bienenkunde«.
Bevor man schleckt am Honigtöpfchen,
muß Weisheit in das Bärenköpfchen.
Zum Turnen geht es dann hinaus,
ein freier Platz ist vor dem Haus.

Brummerle muß Hilfe haben
mittags bei den Hausaufgaben.
Rechnen macht ihm oftmals Pein,
will nicht in den Kopf hinein,
aber Teddy hilft ihm gerne,
daß auch Brüderlein was lerne.

Ist der Tag so drückend heiß,
schläft fast ein der Bärenfleiß,
stotternd liest man: H-o-n-i-g---- s-u-m....

Kommt ein Bienlein mit Gebrumm,
dann sind schneller als gedacht
alle Bärchen aufgewacht.

Endlich hat man in den Pfoten
seine ersten Zeugnisnoten,
und der Eifer lohnt sich jetzt,
Brummerle wird auch versetzt.

Hei, nun kommt die Ferienpause!
Teddy spielt und tobt im Hause,
Brummerle ganz ohne Sorgen
schläft sich aus an jedem Morgen.

Nach den Ferien gehen heiter
beide in die Schule weiter.

Selbst der Hahn kräht: Kikriki,
ganz gescheit noch werden die!

Von Fritz Baumgarten bei Parabel:

www.beltz.de

in der Verlagsgruppe Beltz · Weinheim und Basel

Gesamtherstellung: Druckhaus Beltz, Hemsbach
ISBN 3-7898-1017-7

1 2 3 4 5 09 08 07 06 05